Français   Boers

Conférence

de

M. Georges BERRY

Député de Paris

PRÉCÉDÉE D'UNE INTRODUCTION

de

M. de MAHY

Député de la Réunion

Ancien Ministre de la Marine

PRIX : UN FRANC

Comité de la Jeunesse Française

EN FAVEUR DU TRANSVAAL

Hôtel des Sociétés Savantes, 28, Rue Serpente

Président d'honneur :

M. GEORGES BERRY, député de Paris.

Membres d'honneur :

MM. de MAHY, député de la Réunion, ancien
Ministre de la Marine et des Colonies ;

Le Général THIBAUDIN, ancien Ministre
de la Guerre ;

Le Général JACQUEY, député des Landes ;

BERTHELOT (André), député de Paris ;

DUMAS (Julien), député de l'Ariège ;

FERRETTE, député de la Meuse ;

GERVAIZE, député de Nancy ;

GOUJON (Julien), député de la Seine-
Inférieure ;

PAULIAT (L.), sénateur du Cher :

PRACHE, député de Paris ;

COMITÉ D'ACTION :

Président :

M. LANDRY (M.-E.), étudiant en droit.

Vice-Président :

M. GUILLION (Louis), publiciste

Trésorier :

M. FABRE (N.), étudiant en droit.

Membres :

MM. GRÉGOIRE (Raymond), interne des hô-
pitaux ;
VIEL (L.), étudiant en médecine ;
DUTRAY (E.), étudiant en droit ;
FABRE (J.), élève de l'École supérieure
de commerce ;
BELUGOU (J.), étudiant en droit ;
DEVINS (H.), étudiant en médecine ;
DAVIA (Jacques), publiciste ;
SAVARIAU (H.), étudiant en droit ;
PERGASSE (L.), employé de banque (parti
à l'armée Sud-Africaine).

INTRODUCTION

de

M. de MAHY

———

Paris, le 5 Mars 1900

Monsieur Georges Berry, député,
Président d'Honneur du Comité
de la Jeunesse Française pour
les Boers.

Mon cher Président,

Il faut que je sois bien malade pour
n'être pas près de vous, quand je sens
que notre sympathie pour les Boers
doit être plus active que jamais.

Non pas que leur cause soit désespérée, toutefois! La levée du siège de Ladysmith et le désastre du général Cronje qui ont retenti si douloureusement chez nous, n'ont pas abattu leur courage. En outre de leur intrépidité naturelle qui les soutient, ils savent que la plus extrême énergie est pour eux nécessité et sagesse. Ils luttent pour leurs foyers et pour leur religion, pour la Patrie chèrement créée, pour la vie. N'étant pas de race domesticable, ils seront exterminés jusqu'au dernier individu, comme le furent autrefois nos Acadiens, s'ils ne sortent pas victorieux de cette guerre.

Ils ne l'ont pas cherchée. Ils ne sont pas les agresseurs. Ils ont subi tout un siècle d'injustice et de persécution. Mis en demeure de renoncer à leur liberté et d'accepter le joug anglais, ce qui équivalait à être étouffés, ils n'ont pas pu y consentir. Dès lors, il leur a bien fallu se battre.

V

« Qu'un peuple soit frappé sur le
« champ de bataille. — a dit un pa-
« triote qui fut un grand politique dont
« nous ne saurions trop nous rappeler
« les conseils, Edgar Quinet, — qu'un
« peuple soit frappé sur le champ de
« bataille rien n'est irréparablement
« perdu. Mais si cette nation vient
« elle-même, sous la menace, voter sa
« défaite, c'est là le suicide irréparable. »
Les Boers ne l'ont pas voulu.

Leur cause est juste. Elle est de celles
pour lesquelles la France se passionne,
et elle intéresse l'Humanité entière. La
destruction d'un type de si haute valeur
morale n'est pas indifférent pour les
destinées du genre humain. Tous les
peuples ont intérêt à sa conservation,
et de fait, excepté chez l'Anglo-Saxon,
le sentiment populaire se manifeste de
toutes parts en faveur des Boers. En
revanche, presque partout, les chancelleries semblent leur être hostiles ou

indifférentes, dominées qu'elles sont par la diplomatie anglaise,

Le drame qui se déroule dans le Sud-Africain, l'agression de l'Angleterre contre le Transvaal et l'État libre d'Orange n'est pas un conflit accidentel entre deux puissances momentanément divisées sur une question d'amour-propre ou d'intérêt et pouvant se résoudre autrement que par la mort de l'une des deux. Ici, il s'agit de l'anéantissement de tout élément autre que l'Anglais. C'est un épisode singulièrement émouvant de l'immoral travail de substitution du monde Anglo-Saxon à tous autres groupes ethniques sur la surface du globe, rude besogne, habilement préparée, âprement poursuivie, mais que le monde Anglo-Saxon ne pourra mener à bonne fin qu'avec l'aide des connivences qu'il a su se ménager chez les peuples dont il convoite la place au soleil.

Démasquer ces connivences est un

des meilleurs services que nous puissions rendre aux Boers, et en même temps, c'est faire acte de préservation pour nous-mêmes. Elles sont multiples. En voici une, la principale :

Dans un récent article de la Revue des Deux-Mondes, M. Kuyper, député et chef du parti calviniste en Hollande, nous fournit l'occasion de la mettre, une fois de plus, en lumière. M. Kuyper reproche à la mission évangélique anglaise d'avoir, outrepassant son rôle religieux, secondé les abominables visées de la politique du gouvernement anglais à l'égard des Boers. M. Kuyper dit vrai, mais il ne dit pas tout. Oui la mission anglaise a été la grande ouvrière. Mais à un moment donné elle se trouva impuissante à ranger les indigènes sous l'obédience anglaise et à arrêter les progrès des Boers. Contre ces rigides calvinistes, il fallut des manieurs de Bibles plus adroits que les clergymen anglais. La Société des Missions évangéliques de France s'en chargea, d'accord avec la Société des Missions de Londres, et l'on a pu voir, depuis plus de soixante ans, des calvinistes français travailler avec une inlassable persévérance au triomphe de l'anglicisation du Sud-Africain contre les Boers, descendants de calvinistes français révoqués de l'Édit de Nantes et de patriotes hollandais, fondateurs du calvinisme en Hollande.

Là où les agents de la London Missionnary Society avaient échoué, ceux de la Société des Missions évangéliques de France ont pleinement réussi. Le protectorat de l'Angleterre sur le Lessouto et la région du Zambèze est leur œuvre.

Ce qu'ils y ont déployé d'activité, de zèle, d'abnégation, de dévouement, de vertu et d'héroïsme est prodigieux. Aussi les Églises d'Angleterre et d'Écosse ne leur ont-elles pas ménagé les témoi-

gnages, ironiques peut-être, de leur gra-
titude et de leur admiration.

Ils ont cru bien faire. Soit! Mais
ne sentent-ils pas aujourd'hui qu'ils se
sont trompés? Leur foi, leur sincérité
religieuse, leur devoir de chrétiens et de
français, l'évidence de l'iniquité dont
ils furent les instruments, tout ne leur
crie-t-il pas qu'ils doivent réparation
aux Boers, à l'Humanité, à la France?

Ils sont puissants. Leur influence sur
nos pouvoirs publics est prépondérante.
Ils sont notable partie de l'Alliance
évangélique internationale.

Que la diplomatie anglaise n'ait plus
l'appui des branches française et néer-
landaise de cette puissante société!
Privée de ce moyen de propagande
dans les massess et d'action sur les
chancelleries elle se montrera moins
rebelle à l'idée d'une paix équitable.

Que nos calvinistes, unis à ceux de
la Hollande par une même tradition,

prennent l'initiative de la résistance des autres éléments à l'omnipotence anglo-saxonne, ils répareront le mal qu'ils ont fait et contribueront au dénouement honorable de la crise. J'adjure nos protestants de rompre ces compromissons et notre Société des Missions évangélique de France de renoncer à leur intimité avec les missions anglaises à Madagascar.

C'est l'appel que je leur adresse pour la centième fois. Puissent-ils l'entendre pendant qu'il en est temps encore !

J'aurais voulu, mon cher Président, développer plus amplement ces considérations. Mais je peux à peine tenir la plume. Il me reste tout juste la force de vous serrer la main et de présenter mes excuses et mes respects à la patriotique assemblée auprès de laquelle j'aurais été heureux de me trouver avec vous ce soir.

Votre dévoué,   F. de MAHY.

CONFÉRENCE

de

M. Georges BERRY

Député de Paris

Le 10 Mars 1900

MESDAMES, MESSIEURS,

I

Je ne veux pas commencer cette conférence, avant d'avoir adressé l'expression de toute notre admiration à l'héroïque vaincu de Kimberley, à ce merveilleux général dont l'attitude rappelle les plus glorieuses pages de l'Histoire, et qui, grâce à son génie et à son courage, aura peut-être préparé au Transvaal la victoire de demain.

Mesdames et Messieurs, de tels hommes n'honorent pas seulement leur pays mais l'humanité toute entière.

Honneur donc au général Cronje (Crosnier). Je dis Crosnier, car c'est là son véritable nom, nom tout français et que porte avec fierté son parent, un ancien colonel de notre infanterie de marine.

L'hommage rendu au prisonnier du maréchal Roberts, j'arrive à la conférence.

A l'heure où nous sommes, après les récents exploits des Anglais qui ont lancé contre une population de 250.000 habitants une armée de 180.000 soldats qu'ils vont encore grossir de 60.000 recrues et qui n'épargnent ni les femmes ni les enfants, nous devons connaître les droits, sans doute sacrés, que nos voisins d'Outre-Manche défendent avec tant d'acharnement et tant de cruauté.

C'est une étude utile. Nous allons la

faire ensemble en recherchant quelles ont été les relations antérieures des deux peuples qui combattent dans l'Afrique du Sud ; dans cette partie de l'Afrique, découverte par Bartholomé Diaz en 1486 ; visitée par Vasco de Gama en 1497, et où débarquèrent, en 1500, quelques hardis colons Hollandais, que la fertilité du sol attacha à ce pays lointain.

Mais il faut bien dire que la colonisation ne prit au Cap un véritable essor qu'après la révocation de l'édit de Nantes, c'est-à-dire vers 1686, époque à laquelle des proscrits Français, fuyant une patrie inhospitalière et cherchant du pain pour eux et pour leurs familles furent attirés en Afrique par les récits qu'ils entendirent en Hollande, où la plupart s'étaient réfugiés.

Ces deux races, Hollandaise et Française, de qualités si différentes, firent souche de paysans robustes, courageux, intrépides et, joignant à l'endurance des hommes du Nord l'initiative qui distingue nos concitoyens.

A défaut d'une histoire sur les Boers, il existe des mémoires légués par les ancêtres à leurs descendants.

J'ai entre les mains quelques pages écrites depuis la première installation des colons Français au Cap jusqu'à nos jours, par une famille Leroux, originaire de Seine-et-Oise, et qui me permettra de sortir de la banalité habituelle de ces sortes de conférences.

Leroux, médecin français, dont deux descendants sont aujourd'hui officiers dans l'armée des Boers, s'embarqua avec d'autres compatriotes, pour aller là-bas, assurer l'existence d'une jeune femme et d'un tout petit enfant.

Mais, revenons à la première colonie du Cap.

Pendant cent ans, tous nos immigrants menèrent une vie tranquille, par

conséquent heureuse et, sauf les atta-
ques qu'ils eurent à subir de la part
des fauves et des indigènes, rien ne
vint troubler le repos de ces familles
franco-hollandaises. Mais voilà que l'année 1795, cette époque si agitée pour
la France, apporte aux Français de
l'Afrique du Sud une série de mauvais
jours. Les Anglais, en quête de colonies et
de colons, s'emparent de la ville du Cap.

Ce peuple qui, comme chacun sait,
met au-dessus de tout, la fortune et
les moyens qui y conduisent, exerça
une véritable tyrannie sur ces familles
qui avaient joui jusque-là d'une si grande
liberté, rançonnant et pillant, sous toutes
les formes diverses, les plus riches et
les plus travailleurs.

Les rustres, comme les appelle un
auteur anglais, ne trouvèrent pas de
leur goût cette invasion de malfaiteurs.
Les vieux appelèrent les jeunes à la
révolte.

On pendit, on fusilla les révoltés.

Ni les pendaisons, ni les fusillades n'arrêtèrent les rebelles, et, en 1803, les soldats anglais étaient chassés de la colonie du Cap, et leur départ fêté par des cérémonies et des chants religieux.

Mais l'Angleterre sachant quelles riches contrées elle venait de perdre, n'eut qu'un but, remettre la main sur ce territoire qu'elle avait été obligée d'abandonner et, en 1806, elle revenait avec d'autres troupes, s'emparant de nouveau d'une colonie qui appartenait à la Hollande, dont les protestations furent en vain portées au gouvernement qui siégeait à Londres.

Cette confiscation ne se fit pas, « on s'en doute bien », — connaissant les premières résistances du peuple Boer, sans une lutte terrible. A la fin, les braves paysans du Cap furent battus mais non soumis, car jusqu'à leur exode de 1836, ils ne perdirent aucune occasion de se révolter contre l'oppresseur.

L'Anglais, suivant ses moyens habituels de coloniser, montra en toute occasion une cruauté barbare qui n'excluait, d'ailleurs, ni la rapacité ni le vol.

On pourrait trouver à chaque page des mémoires de Leroux des exemples invraisemblables de cette cruauté.

Je n'ai que l'embarras du choix, cependant il est une page qui marque l'année 1814 d'une façon si particulièrement odieuse que je vais la choisir entre tant d'autres.

« En 1814, un fermier du nom de Bezuydenhout résista tout seul à une compagnie de soldats.

Il fut tué sur place.

Sa femme, le fusil à la main, jura de le venger.

Une émeute éclata.

Acculés par une force militaire trois fois supérieure, les récalcitrants furent pris, jugés et cinq d'entre eux condamnés à être pendus, tandis qu'on forçait les autres à assister à leur pendaison.

Le 9 mars 1816, la potence fut érigée en haut d'une colline, devant une foule de colons accompagnés de leur femmes et de leurs enfants. Bientôt, les cinq condamnés se balançaient l'un à côté de l'autre, attachés à la même potence, accrochés à la même poutre.

Ils avaient déjà perdu connaissance, quand la poutre se rompit sous leur poids. Les cinq corps gisaient à terre.

La respiration suffoquée se ranima chez ces malheureux. Revenus à eux, ils se jetèrent aux genoux de l'officier lui demandant la vie. La foule poussant des cris déchirants implora la grâce du juge anglais. Mais lui, le colonel Cuyler, homme d'une sévérité que rien ne troublait, resta inexorable. Les condamnés furent pendus une seconde fois et livrés de nouveau aux angoisses d'une mort plus affreuse. Les assistants donnèrent, à cet endroit, le nom de Slaagter's Neck, ce qui veut dire « Colline de la Boucherie », et de l'aveu des auteurs anglais eux-mêmes, jamais plus le souvenir de cette horrible exécution ne s'est effacé de la mémoire des fermiers hollandais : « N'oubliez pas Slaagter's Neck ! », resta pendant un siècle le cri de vengeance des Boers.

Enfin en 1836, les colons du Cap trouvent qu'ils ont assez souffert. Il y a trente ans qu'ils travaillent pour l'Angleterre qui augmente de plus en plus ses impôts.

A la voix de leurs chefs ils se réunissent encore une fois dans les montagnes, tenant des meetings dans les cavernes, mais, cette fois, ce n'est plus pour essayer de chasser l'envahisseur, les forces sont épuisées, les plus braves ont été pendus, non ! cette fois c'est pour partir, pour abandonner la terre natale, pour quitter le foyer, mieux vaut un nouvel exil que de subir plus long-temps la barbarie des Anglais.

Et un beau jour, de longues voitures suivies par des familles de colons et par un nombreux bétail emportent vers la rivière du Vaal quelques meubles et quelques vêtements.

Ce n'était pas l'affaire de l'Angleterre qui voulait bien la colonie, mais avec des colons la mettant en valeur.

Une colonie sans colons devenait une colonie sans bénéfices. Il fallait donc à tout prix éviter l'émigration.

On essaya d'abord l'effet des promesses. Les Boers, sachant par expérience, ce qu'elles valaient, ne les écoutèrent pas. Alors le Gouverneur enjoignit aux émigrants d'avoir à réintégrer le territoire britannique s'ils ne voulaient pas être traités comme rebelles. Les menaces ne produisirent pas plus de résultat que les promesses, et ce fut

poursuivis et harcelés par les soldats
anglais que les fermiers franco-hollan-
dais prirent la route de la liberté.

Les exploits des Anglais recommencent de plus belle et je détache, là
encore, une page des mémoires de
Leroux :

« La tête de Smoll et la mienne, écrit Louis
Leroux, avaient été mises à prix et nous nous
cachions avec grand soin pour ne pas être exposés
à être attachés à quelque poutre, lorsqu'une
nuit, une trentaine de familles couchées dans
leurs voitures, qui formaient un camp, sont
réveillées en sursaut. On croit d'abord avoir à
faire à quelques naturels du pays, mais bientôt à la lueur du feu allumé pour éloigner
les fauves, brille l'uniforme anglais, et deux
cents soldats environ entourent le camp.

« — Smoll et Leroux sont parmi vous, dit
l'officier qui commande. Il nous les faut.

« N'obtenant rien que des dénégations, les soldats passent de la menace à la violence. Six
des plus jeunes filles sont dévêtues, insultées
et fouettées.

« Comme cette brutalité ne produit rien, les Anglais s'emparent de trois vieillards, leur arrachent une partie de la barbe ; chacun d'eux, à tour de rôle, les frappent et les soufflettent, et comme l'un d'eux les traite de bourreaux, le commandant s'empare d'un bâton et lui casse le bras gauche.

« De guerre lasse, les misérables se décidèrent à s'en aller, mais comme ils ne pouvaient ramener au Cap les familles qui ne voulaient plus de la domination anglaise, ils chassèrent devant eux le bétail, réduisant ainsi à la misère ceux qui n'avaient pas voulu leur livrer leurs victimes. »

II

Voilà les Boers partis du Cap, mais ne croyez pas qu'ils soient pour cela débarrassés de l'Anglais. Celui-ci connaît trop ce qu'ils valent pour les abandonner ainsi. Il arrive au Natal lorsqu'ils ont à peine commencé leur nouvelle colonisation.

Et la lutte recommence plus terrible, plus acharnée.

Si, en 1852, l'ennemi est obligé de reconnaître l'indépendance du Natal, il ne s'en suit pas que les Boers acquièrent leur tranquillité. Non, Il y a des mines, de riches mines dans leur nouveau pays, l'Angleterre les veut ; elle y envoie ses écumeurs, ses spéculateurs ; les vexations d'autrefois, les anciennes spoliations recommencent. La justice est aux mains des Anglais, aussi tout est-il permis contre le Boer. Le rapt de ses filles, le vol de ses produits, l'incendie de ses fermes; tout cela est impuni, d'aucuns disent même encouragé.

La situation devient, comme en 1836, intolérable pour les colons. Ne pouvant secouer le joug qui courbe leurs têtes si fières, ils se décident à porter plus loin encore leurs pas d'exilés : peut-être trouveront-ils un coin de terre où ils pourront enfin vivre libres et indépendants ?

Et, en 1864, la République du Transvaal est fondée.

Mais, au Transvaal comme au Cap, comme au Natal, les Boers vont être aux prises avec les sinistres oiseaux de proie qui les guettent.

Et, dès 1877, l'Angleterre déclare le Transvaal colonie anglaise.

Les Boers, entourés de tous côtés de terrains appartenant à des puissances européennes, ne peuvent plus songer à un nouvel exode, il leur faut être esclaves ou se battre en désespérés ; c'est ce dernier parti auquel ils se rallient. Mieux vaut mourir que d'être le butin des Anglais, et l'on marche à la bataille, conduit comme aujourd'hui à l'ennemi par le général Joubert, ce Français des Ardennes.

C'est une lutte à laquelle se mêlent les vieillards, les femmes, les enfants.

Quelques milliers de paysans tiennent tête pendant deux ans, 1880 et 1881, aux armées de la Grande-Bretagne.

Bien plus, ils lui infligent la sanglante défaite de Majuba-Hill, dont le nom a retenti si souvent depuis quelques mois dans les cafés, dans les salons, dans les rues, sur les places de Londres, Remember Majuba-Hill ! « Souviens-toi de Majuba-Hill ! » criait la foule au général Buller s'embarquant pour le Transvaal ; Remember Majuba ! criait-on aux troupes qui défilaient au travers de la ville. <u>Remember Majuba!</u> hurlait-on le soir, à la sortie des théâtres et des concerts.

A la suite de l'affaire de Majuba, la fière Albion dut reconnaître pour la troisième fois l'indépendance de ses vieux ennemis, et Gladstone écrivait même, à cette époque au Président Kruger, une lettre où il louait sans réserve le courage et les vertus civiques des vainqueurs de l'Angleterre.

Mais, pendant que le premier Ministre signait la paix et reconnaissait l'indépendance des Boers, les soldats anglais assassinaient les prisonniers.

« Une nuit, raconte en effet un hollandais nommé Lods : quatre-vingts prisonniers Boers mis en liberté, regagnaient, désarmés, le camp où leurs compatriotes les attendaient, lorsqu'en passant près d'un bois, ils furent assaillis par des assassins invisibles qui firent feu sur eux. »

Malgré de nombreuses protestations du gouvernement du Transvaal, personne ne fut puni pour ce crime, bien cependant qu'on ait vu rôder le soir, près du bois, une centaine de fantassins anglais.

Et c'est en 1881, c'est-à-dire il n'y a pas encore vingt ans, que les Anglais comprenaient ainsi la façon de faire la guerre.

Mais pourquoi nous étonner! aujourd'hui même ont-ils donc changé de méthode?

Pour nous convaincre qu'ils ont toujours le même respect du droit des gens, nous n'avons, Messieurs, qu'à ouvrir les journaux de ces derniers jours.

Je lis :

Bruxelles, 1ᵉʳ Décembre 1899.

« Les journaux flamands et hollandais font

... que d'une lettre reçue par le journal
l'Allgemeine de son correspondant au Cap :

« Ce correspondant a visité les Boers faits
prisonniers à la bataille d'Elandslaagte et qu'on
garde à bord du « Penelope » dans la baie
de Simons.

« Parmi les captifs se trouve le colonel Schiel,
qui ne peut plus marcher qu'en s'aidant de
deux béquilles et qu'on a laissé plusieurs jours
sans soins.

« Les prisonniers sont dans un état de misère
et de malpropreté écœurant. On ne les met
même pas en état de changer de linge et on
les nourrit à peine.

« Les Boers prisonniers se plaignent vivement
des Anglais qu'ils traitent de pillards et de vo-
leurs. Il paraît, en effet, que sur le champ de
bataille d'Elandslaagte, les Anglais ont dépouillé
les cadavres, les blessés et les prisonniers de
tout l'argent qu'ils possédaient. »

Voici d'ailleurs la déclaration faite
et ratifiée sous serment le 8 novem-

bre, devant un juge de paix de Johannesburg (Standard) :

« Le général Koch, prisonnier des Anglais après la bataille d'Elandslaagte raconte qu'un soldat anglais est venu lui prendre son argent dans la poche de son pantalon, puis sa montre, tous ses vêtements, à l'exception d'un paletot, et l'a laissé tout nu dans une petite tente. Un autre captif (S.-S. Stork), atteint au poumon gauche, n'a pas été mieux traité ; un soldat anglais lui a volé tous ses vêtements et une paire de chausures pendant qu'un médecin examinait sa blessure.

« Je vis, poursuit l'auteur de ce récit lamentable, le cadavre de l'adjudant commandant Bodenstein, atteint d'une balle au sein gauche. On lui avait ôté les bagues du doigt ; et tout son argent avait disparu ; au cadavre de Piet Bliant S.. on avait enlevé souliers, montre, argent, tabatière ; l'argent et une bague au cadavre de Wilie Prétorius, receveur des contributions à Johansneburg. A Sernaas de Wet, qui n'était que blessé à la jambe, on avait pris son argent et sa bague. »

Le Hollandais Lapeltakheeft, blessé par un lancier, s'était rendu, il reçut l'ordre de marcher et de tourner à gauche, comme il ne se hâtait pas assez, au gré de l'officier, une balle de revolver l'atteignit dans les épaules et resta dans un poumon. Il est mort le même soir.

Les journaux allemands du 16 janvier ont publié une lettre d'un jeune Mecklembourgeois attestant qu'on lui a volé sa montre sa bague, son argent ; des soldats anglais lui auraient à moitié cassé la tête parce qu'il ne se laissait pas dépouiller de bonne grâce.

Le général Joubert avait déjà signalé le 18 octobre au corps consulaire un fait monstrueux, presque incroyable. Les soldats de l'armée d'invasion ayant fait prisonniers, près d'un wagon de provisions, dix-huit Boers dont deux étaient blessés, les avaient attachés, en une rangée, à une longue et forte corde

fixée à un canon Maxim et les avaient
traînés derrière ce canon en les faisant
avancer.

Je prends encore dans le journal
d'Arnheim ces deux entrefilets :

Bruxelles, 2 Décembre 1899.

« Les prisonniers ont raconté aussi à un
correspondant Belge :

« Qu'à Elandslaagte, quatre-vingt-dix Boers
étaient couchés en tirailleurs derrière un talus.
Ils furent enveloppés par trois cents cavaliers
Anglais et durent céder.

« Ils déposèrent les armes et se rendirent, mais
le commandant de la cavalerie anglaise com-
manda à ses hommes (Kill the Buggers!) « Tuez
les voyous ! »

« Un grand nombre de prisonniers Boers
désarmés furent ainsi tués. »

Bruxelles, 4 Décembre.

« Jusqu'ici, les anglais ont été au-dessous de

tout ce qui peut être imaginé, hissant le drapeau
blanc par tromperie pour pouvoir prendre
certaines positions, contraignant les noirs à
marcher contre les Boers, usant de balles dum-
dum, maltraitant les prisonniers, et méritant le
titre de « Sauvages » qu'ils octroyaient aux
Boers ! »

Bruxelles, 10 Décembre.

BRUTALITES ANGLAISES

« Sous ce titre, la Gazette de la Croix publie
une lettre du baron de Dalwig, ancien capitaine
de cavalerie en Prusse et actuellement capitaine
en chef de batterie dans l'armée boer, signalant
les mauvais traitements infligés par les Anglais,
aidés par les noirs, à des femmes et à des
jeunes filles, dans le district de Rustenburg.
« Les victimes de ces mauvais traitements, con-
clut le baron de Dalwig, sont actuellement à
l'hôpital. Élevez donc votre voix au nom de
l'humanité et de la civilisation contre ces actes
monstrueux. »

Enfin des correspondances arrivées de Prétoria apportent l'information sui-vante aux journaux de Belgique :

« Le landrost à Rustenburg mande au gou-vernement de Prétoria que, le samedi 25 no-vembre, les Cafres de Lanchwe, avec le chef Khana, ont traîteusement attaqué Derdepoort, situé sur la frontière nord-ouest. Les Cafres étaient commandés par des officiers anglais et avaient un canon Maxim. Six agents de police, qui s'étaient réfugiés dans leurs maisons, furent cernés et massacrés en même temps qu'une femme de la famille du commandant de la police Rickart et un photographe. La station fut brûlée. Quatre personnes furent affreusement blessées, parmi lesquelles un membre du Wolks-raad, M. Barnard. De plus, des paysannes et même des jeunes filles de douze ans, ont été outragées par des soldats anglais. Quelques-unes d'entre elles sont à l'hôpital de Johannesburg. »

Et voilà le peuple qui ose vanter sa

civilisation ! Ah ! si nous ne voyons pas ses droits sur le Transvaal, nous retrouvons une fois de plus ses mêmes procédés barbares vis-à-vis des prisonniers de guerre.

Après avoir constaté les cruautés de cette nation civilisée entre toutes, il convient de faire connaître de son côté la conduite de cette peuplade sauvage, ignorante et grossière gouvernée, au dire des Anglais, par l'homme hautain, brutal, impérieux qui a nom Kruger.

Et d'abord après la bataille de Majuba alors que les Anglais assassinaient les Boers ; quel traitement infligeaient donc les Boers aux prisonniers Anglais ?

Je laisse la parole à un de ceux-là, l'officier Ditte :

« Ces colons chevaleresques, dit-il, qui ont pris pour devise : « Aimez même vos ennemis », partagèrent avec nous, avant de nous renvoyer, leurs fruits et leurs liqueurs, et ils ne laissèrent partir les malades qu'après s'être assurés qu'ils pouvaient supporter le voyage. »

D'ailleurs ce sont les mêmes hommes qui, le 17 janvier dernier, après une bataille autour de Ladysmith, descendaient de leurs chevaux pour les prêter à leurs ennemis blessés.

Mais remontons aux années antérieures. On a vu avec quelle sauvagerie les Anglais ont pendu durant cent ans, les colons qui ne se soumettaient pas à leur insupportable tyrannie.

Voilà la vengeance qu'en tira Kruger en 1895.

A cette date, un anglais, le docteur Jameson, l'associé de Cécil Rhodes dans toutes ses affaires louches, sous prétexte de défendre ses compatriotes menacés à Johannesburg, mais en réalité, pour s'emparer de cette ville aux mines merveilleuses, réunit sous l'œil complaisant du gouverneur du Cap, une armée de soldats Anglais qui, avec lui, envahirent le Transvaal.

Jameson fut arrêté par les Boers à quelques milles de Johannesburg et fait prisonnier avec tous ses compagnons.

Désavoués par leur gouvernement, qui n'osa prendre une autre attitude devant l'Europe, Jameson et ses officiers furent condamnés à être fusillés. L'implacable, le cruel Kruger, soutenant jusqu'au bout sa réputation, les renvoya tous indemnes, exigeant seulement d'eux le serment qu'ils ne serviraient plus contre le Transvaal.

Remarquons en passant que, pour tenir son serment, sans doute, le 6 février dernier, Jameson se faisait blesser à Spion-Kop.

Est-il besoin de continuer pour fixer votre religion ?

Est-il besoin de vous rappeler que le correspondant du Morning Post, prisonnier des Boers, fait, à la date du 23 novembre l'éloge de la grande bonté avec laquelle il a été traité par le gouvernement du Transvaal, ne tarissant pas en louanges sur les bons traitements que les Boers prodiguent aux prisonniers anglais.

Le 17 décembre 1899 c'est Lord Methuen qui envoie une lettre de remerciements au général Cronje pour les bons procédés des Boers envers les ambulances et les hommes de corvée affectés à l'enterrement des cadavres anglais.

Le capitaine-adjudant Rice des Royal-Irisk fusiliers blessé à Nicholson's Nork écrit :

« J'étais couché entre des rochers dans l'impossibilité de me lever. Un soldat Boer vint à passer près de moi :

— « Un demi-souverain, lui dis-je, si vous me transportez au bas de la colline.

« Il me prit entre ses bras comme un enfant et me déposa sur un sol moins rocailleux.

« Je lui tendis alors le demi-souverain, il refusa de le prendre.

« Passèrent alors près de moi, comme j'étais grelottant de fièvre. deux commandants Boers. L'un me dit en anglais :

— « Qu'avez-vous donc mon vieux ? vous êtes blessé ?

— « Oui ! répondis-je.

— « Ah ! reprit-il vous vous êtes tout de même bravement battus !

« Avant de s'en aller, ils jetèrent leurs manteaux sur moi. Je fus ensuite transporté dans une ferme, où je reçus les soins nécessaires. »

Le 8 janvier les passagers américains du vapeur Kœnig écrivent au New-York Hérald que les prisonniers anglais sont traités avec une grande bonté.

A Stormberg on leur fournit les moyens de jouer au foot-ball ; on les aide même à donner des concerts.

M. Léopold Hess raconte, que les officiers anglais captifs à Prétoria s'étant plaints de n'avoir pas de marmelade à leur déjeuner, le Président Kruger a donné l'ordre de leur offrir tout ce qu'on pourrait trouver de ce dessert.

Bien plus dans la seconde quinzaine de février, d'après l'attestation d'un chirurgien Anglais, les fédéraux non contents de fournir des matelas aux soldats de Sa Majesté Britannique, se sont privés de tous les œufs qu'ils avaient à leur disposition pour les donner à leurs prisonniers malades.

Le 27 décembre un officier anglais, lord Lynton, blessé et fait prisonnier à la bataille d'Elandslaagte, écrit de Londres la lettre suivante au général Joubert.

Londres, 23 Décembre 1899.

« Monsieur,

« Rentré en Angleterre grâce à votre courtoisie,

je vous remercie de la façon dont j'ai été traité par les Boers après la bataille d'Elandslaagte.

« Je remplis là un devoir de reconnaissance et de justice. »

Eh bien, Messieurs, où sont les sauvages ?

Quel est, des deux combattants, le peuple civilisé ?

La nation anglaise réclame la supériorité.

Eh bien, oui, elle a raison de proclamer sa supériorité ; elle est, en effet, supérieure au peuple Boer, en mauvaise foi ; supérieure en rapacité, supérieure en cruauté.

Cette supériorité là, aucune nation ne la dispute à l'Angleterre.

Qu'elle la garde donc pour elle !

Et réservons aux républicains du Transvaal notre admiration pour leurs vertus civiques, qui les distinguent de leurs adversaires, pour leur désintéressement, pour leur grandeur d'âme, pour ce chevaleresque courage, qui fait qu'un pays de deux cent mille habitants tient en échec un empire qui compte deux cent millions de sujets, et ébranle sur sa base un colosse auquel personne, jusqu'ici, n'avait osé toucher.

III

Nous avons laissé les Boers obtenant pour la seconde fois, grâce à la victoire de Majuba, la reconnaissance de leur indépendance, pour laquelle ils luttaient depuis quatre-vingts ans, et célébrant par une fête de trois jours le départ des Anglais, qui se retirent au Natal et au Cap.

Chacun se remet au travail, ne songeant, comme par le passé, qu'à assurer à sa famille la vie quotidienne. Et bientôt, grâce à leur labeur, à leur esprit de conduite et surtout à une volonté que rien ne peut affaiblir, les Boers peuvent envisager l'avenir avec espérance. Le bonheur commence même à sourire à ces exilés de quatre patries.

Malheureusement pour eux, Cécil Rho-

des, et autres chercheurs d'or qui ex-
ploitent Rhodésia, savent qu'au Transvaal
il y a plus d'or que dans leur colonie.
Cet or, ils le convoitent, et ils font signe
à tous les aventuriers de la Grande-
Bretagne, qui envahissent la nouvelle
patrie des Boers. Ils arrivent en foule
par chaque bateau, par chaque dili-
gence, se précipitant vers ces plaines
qui recèlent tant de trésors.

Quelle fortune pour la Compagnie anglaise si elle devenait propriétaire du
Transvaal. Quelles richesses pour les
Cecil Rhodes, les Chamberlain et les
Jameson, ces trois frères siamois, liés
indivisiblement ensemble par les mêmes
intérêts et les mêmes friponneries. Coûte
que coûte, on doit essayer de se rendre
maître de ces champs d'or.

Un des trois larrons, le docteur Jameson, arme une troupe anglaise, pendant que les deux autres préparent une
révolution à Johannesburg, où les im-

migrants devront aider à la victoire du docteur. Et un beau matin, ce docteur anglais, devenu capitaine d'aventuriers, se disant appelé par les uitlanders sur le point d'être massacrés par les paysans Boers dans Johannesburg, se dirige vers cette ville avec son armée, sa bande, devrais-je dire.

Vous connaissez l'odyssée lamentable de cette expédition de 1895, après laquelle Cécil Rhodes fut obligé de donner publiquement sa démission de premier ministre du Cap, mais qui revînt quelques jours après plus puissant que jamais grâce à la protection de Chamberlain, qui ne le désavoua que pour la galerie et pour s'éviter un vote de blâme au Parlement anglais.

Je vous ai rappelé la magnanimité avec laquelle furent traités les chefs du complot par ce sauvage président de la République du Transvaal.

N'allez pas croire qu'après ce piteux

échec, Chamberlain songea un seul instant à renoncer à ses projets. Ce serait mal le connaître. Il montra patte de velours, fit l'éloge des Boers et des excuses publiques à Kruger, mais en même temps il donnait des instructions à Cecil Rhodes.

Celui-ci organisa de nouveau des Sociétés secrètes d'immigrants, excitant les étrangers et même quelques Boers contre le gouvernement de la République : des meetings furent tenus où on réclamait la protection du gouvernement anglais contre l'intolérance, les exigences et la tyrannie de Kruger et de l'Assemblée des Élus.

Puis ce mouvement commencé, Cecil Rhodes partit pour l'Angleterre où il prêcha la guerre sainte, c'est-à-dire l'extermination du peuple Boer.

Dans cette campagne, le grand maître du Cap fut merveilleusement servi par notre reculade à Fachoda. L'Angleterre énivrée de ce succès, toute fière de la victoire du sirdar Kitchener, applaudit aux paroles de Cecil Rhodes, et pendant que Marchand rapportait par ordre le drapeau qui avait flotté à Fachoda, le ministre anglais Chamberlain, aidé par l'opinion publique, organisait une nouvelle campagne contre la République du Transvaal.

Il fallait un prétexte à une nouvelle guerre. Cela ne le gêna pas. On mit des milliers de signatures vraies ou fausses au bas de pétitions qui réclamaient moins d'impôts, plus de liberté et une naturalisation immédiate.

C'était ce qu'on est convenu d'appeler une querelle d'Allemand.

En effet, Chamberlain savait bien que le peuple Boer, maître du sol, ne consentirait jamais à laisser prendre l'or du pays sans rien réclamer pour l'État. Quant à la liberté, jugez quelle audace il fallait pour en demander davantage, en

entendant cette épître, publiée sans ob-
servation du gouvernement contre le chef
de l'État, dans une feuille anglaise im-
primée à Johannesburg.

« Monsieur,

« Je sais que vous croyez en Dieu. Donc,
en son saint nom, je m'adresse à vous. Tournez
les pages de votre bible, lisez au hasard et
dites-moi, si vous y trouvez un seul passage
dans lequel l'oppresseur n'est pas tombé tôt
ou tard sous la vengeance divine. Saül dépassait
ses compagnons de la tête et des épaules, il
mourut par son propre sabre. Achab convoitait
la vigne de son voisin et les chiens léchèrent
son sang dans l'étang de Samarie. Pharaon
persécutait les enfants d'Israël, il périt dans
la mer Rouge avec son armée. Encore un peu
de l'Écriture et j'ai fini. Rappelez-vous ceci :
« Qui s'abaisse sera élevé et qui s'élève sera
abaissé ! ».

« Vous avez pris votre cor et soufflé de tous
côtés à votre convenance, puis vous vous êtes

dit : « Qui donc résistera à mon pouvoir ? »
Monsieur, vous avez été mis sur la balance et
trouvé trop léger. Tous les dons du Seigneur
et toutes ses grâces infinies ont été répandus
pour vous en vain, et pendant que vous rêvez
d'agrandir vos granges et que vous vous gonflez
d'aise et de fatuité, votre âme vous a déjà
été reprise.

« Il n'est pas nécessaire pour le moment,
que je montre à nouveau combien vous abusez
de la confiance qui vous a été accordée, comment
vous oubliez, promesse sur promesse, et permettez
qu'une foule vénale et mercenaire s'engraisse au
dépens d'une industrie qui a amené la pros-
périté dans votre pays ; comment vous vous
dérobez aux plus raisonnables demandes de ceux
qui vous ont fait ce que vous êtes, aux sup-
plications des pauvres, et comment, malgré
l'abondante richesse du Trésor public, vous
amoncelez les impôts sur les dures nécessités
de la vie, impôts que vos concitoyens indolents
et ennemis du progrès ont refusé de payer.

« Patience. Vous avez tenté de changer une
république libre en oligarchie autocratique. Vous
avez tout fait pour amener la représentation
naturelle du peuple devant une Cour d'appel
dont vous seriez le juge final. Vous avez tenté

de transformer la justice en un simple fantoche
au gré de votre volonté arbitraire. Vous avez
rêvé d'un pouvoir auprès duquel les lois les plus
absolues du monde entier sembleraient émaner
d'un gouvernement libéral et populaire! »

Et ainsi de suite....

Dans ce journal, chaque fonctionnaire
dirigeant du gouvernement du Transvaal
est vilipendé et insulté dans un langage
encore plus violent et plus perfide que
celui concernant le Président Kruger.

Reste le troisième grief qui consiste
à reprocher au gouvernement de ne
vouloir admettre les uitlanders, c'est-
à-dire les immigrants anglais, comme
électeurs qu'après un séjour de sept
ans dans la République.

Depuis quand un peuple libre n'a-
t-il plus le droit de régler sa législa-
tion intérieure comme il l'entend. Plut
au Ciel que la France ait été moins
complaisante pour les étrangers et moins

facile à les admettre à la naturalisation ! Elle aurait évité bien des divisions et bien des discordes civiles.

Le plus petit Etat n'est-il pas, comme le charbonnier, maître chez lui. Et véritablement l'audace ne manque pas à M. Chamberlain pour oser soutenir ses nationaux lorsqu'ils font entendre de pareilles réclamations.

Mais à quoi bon discuter ce qui n'est pas discutable ; ce sont là, je l'ai dit, querelles d'Allemand, plutôt querelles d'Anglais.

Les Boers n'eurent pas de peine à comprendre que ce qu'on voulait c'était l'annexion à l'Angleterre du Transvaal et surtout de ses mines au profit de la Grande Compagnie de Cecil Rhodes. Les plus optimistes, d'ailleurs, ne purent en douter en voyant se masser près des frontières de leur pays les soldats anglais que d'autres se préparaient à rejoindre.

Aussi, prenant le bon parti, Kruger donna quarante-huit heures à l'Angleterre pour retirer ses troupes des frontières transvaaliennes et pour cesser toute expédition de renfort. Passé ce délai, la guerre devait être déclarée.

Et la guerre fut déclarée.

On sait le reste, les premiers échecs des Anglais contre lesquels se défendent comme de véritables héros, des hommes qui luttent pour leur indépendance et qui savent bien que s'ils sont vaincus, ils ont fini de compter comme citoyens libres.

Leurs premiers succès sont connus du monde entier; partout on a applaudi à leurs efforts, partout on a applaudi à leurs victoires, à celle de Colenso, à celle de Spion-Kop, où les officiers anglais montaient à l'assaut aux cris de « Fachoda! Waterloo! », et auquel l'écho répondait « Majuba! »

Chamberlain, l'homme au cœur léger

de la Grande-Bretagne, pensant avec Bismarck que la force prime le droit, a voulu étouffer les protestations légitimes des Boers sous les coups du canon Maxim. Ses plans seront déjoués.

Espérons que la roue tournera et que cette fois le droit aura raison de la force.

Espérons que cette fin de siècle nous consolera de bien des injustices commises pendant ces cent ans qui viennent de s'écouler.

Et puisque je parle de fin de siècle, laissez-moi me souvenir qu'à la fin du précédent, un autre peuple lutta aussi pour son indépendance contre l'Anglais, l'éternel oppresseur.

Les Américains, irrités d'être rançonnés par les grands frères, secouèrent le joug et la tyrannie de la Mère Patrie, dont la rapacité ne connaissait pas plus de bornes qu'aujourd'hui,

A cette fin de siècle, le droit prima

la force, et l'indépendance des Etats-Unis fut proclamée après une guerre de sept ans, et dans laquelle s'illustrèrent les Lafayette, les Rosambaud, les du Plessis, dont les dignes émules sont aujourd'hui dans l'Afrique du Sud, les Villebois de Mareuil, les Eybert, les Charette.

N'est-ce pas, Messieurs, d'un bon augure pour l'issue de cette guerre qui ayant les mêmes causes devra avoir les mêmes effets, et à la fin de laquelle nous verrons ces deux noms, Amérique-Transvaal, unis dans l'histoire de l'indépendance des Peuples.

IV

Mais, me dira-t-on, pourquoi cet en-
thousiasme pour le Transvaal ?

Pourquoi ? Mais parce que la France
est une nation généreuse et qui a mar-
qué chaque siècle par un nouveau dévouement à quelque opprimé.

Parce que la France a toujours mis
ses forces à la disposition du droit.

Parce qu'enfin l'histoire de l'Angleterre n'est qu'une longue suite de trahisons et de crimes contre notre pays.

L'Anglais, c'est l'ennemi héréditaire ;
c'était l'ennemi hier, c'est l'ennemi
aujourd'hui, ce sera l'ennemi demain.

L'Anglais c'est l'organisateur des com-
plots qui nous minent et des coalitions
qui nous affaiblissent et nous ruinent.

L'Anglais, en un mot, c'est l'anti-
Français.

Il ne nous a jamais vaincus loyale-
ment, il nous a assassiné quand il
nous a eu fait terrasser par les autres.

Ce n'est pas notre adversaire, c'est
notre bourreau.

Des exemples de ses déloyautés et
de ses cruautés nous sont apportées
par chaque page de l'Histoire.

Ouvrons en une au hasard.

« Bataille d'Azincourt ». C'était pour-
tant au temps des preux.

Je lis :

« A la bataille d'Azincourt, l'intrépide duc
d'Alençon se fraie un passage au milieu de la
mêlée. D'un coup il renverse le duc d'York,
d'un autre il fend la couronne du casque royal.
Mille bras se lèvent contre lui et il s'écrie :
« Je me rends, je suis Alençon ! » Ce cri de
détresse ne lui sauve pas la vie, il est égorgé
aux pieds de son vainqueur. »

Je continue :

« La bataille allait finir ; une seule division

française résistait à l'ennemi ; pour se venger de cette héroïque résistance, Henry d'Angleterre donna l'ordre de massacrer les prisonniers et tous les prisonniers sont massacrés. Le lendemain, 26 octobre, il traverse le champ de bataille et acheve à coups de lance ceux des blessés qui donnent encore signe de vie. »

Quelle est l'autre nation qui possède à son actif un crime analogue à l'assassinat de notre Jeanne d'Arc ?

Quelle tribu sauvage a jamais torturé et brulé une femme ?

Pauvre sainte fille ! libératrice de notre territoire, ton martyr sera vengé ; car il y a pour les peuples comme pour les hommes une justice immanente.

Ce crime, qui déshonore un pays, a créé entre la France et l'Angleterre un abime que rien ne pourra jamais combler. L'Anglais l'a bien compris, mieux que nous, c'est pourquoi, loin de tenter une réconciliation, qu'il savait impossible, il a continué à travers les siècles à entretenir sa jalousie et à aviver sa haine contre le Français

En tout temps il se réjouit de nos malheurs qu'il a souvent préparés.

Et les historiens étrangers eux-mêmes protestent contre la joie indécente que notre défaite à Pavie excita en Angleterre où toutes les maisons s'illuminèrent comme le soir de la bataille de Sedan.

On chanta sur les places publiques des couplets qui se terminaient tous par ce refrain : « Il faut achever la bête qui râle ! »

Mais la bête se relève ! Malgré de sombres journées, le soleil revient éclairer nos efforts, et nous voilà bientôt, grâce à d'illustres marins dont les noms sont sur toutes les lèvres, à la tête d'un vaste empire colonial.

Ces colonies, il les faut à l'Angleterre, qui n'a pas su les conquérir, et, pour s'en emparer, elle suscite plusieurs coalitions contre la France.

Deux fois notre flotte, la première du monde, est détruite et reconstruite. Mais l'or anglais se met de la partie, et ce qu'on ne peut nous prendre par les armes, on nous le vole en payant des traîtres jusque dans le palais des rois.

Car même à cette époque, il y avait des traîtres chez nous.

Et c'est ainsi que nous nous voyons enlever nos plus belles et nos plus riches conquêtes, notamment le Canada, ce pays qui, quoique anglais, depuis Louis XV. est cependant encore si Français.

Ce qu'elle fit sous les rois, l'Angleterre le recommença pendant la Révolution et sous l'Empire, fomentant la guerre intérieure et nous jetant pendant vingt ans six coalitions sur les bras, jusqu'à ce qu'enfin, maîtresse, après Waterloo de celui qui l'avait fait trembler, elle l'assassina lâchement comme elle fit de Jeanne d'Arc, au mépris de sa parole, allant même jusqu'à faire sentir sa haine et sa colère aux soldats français qui avaient combattu contre elle.

Écoutez, et vous verrez que ce réquisitoire violent est encore modéré.

Voilà, en effet, comment s'exprime un médecin anglais, lord Schieffel, dans un rapport officiel publié pendant les guerres de l'Empire.

Parlant de l'insalubrité des pontons où étaient enfermés les soldats français, il écrit :

« Les créatures dont la constitution sera assez robuste pour supporter cinq ans le régime de ces prisons ne pourront plus espérer pour le reste de leur vie qu'une santé languissante. »

Les malades étaient transportés sur

un navire consacré à l'emploi d'hôpital.

Un seul fait entre mille :

« Un jour, pendant la visite, un jeune chirurgien français s'adressant au médecin anglais, lui demanda de vouloir bien faire donner du vin à l'un de ses camarades, aspirant de marine, horriblement affaibli par la maladie, afin de lui rendre un peu de force.

— Êtes-vous fou, animal! lui répondit brusquement l'Anglais, pour me faire une semblable demande ? Redonner des forces à mes ennemis ! Allons donc, vous déraisonnez ? »

Quand le malade perdait connaissance, il était arraché de son lit et porté dans la cabane aux morts, où il était dépouillé, et où on le laissait mourir.

Et ces gens-là ont osé, à plusieurs reprises, invoquer le droit des gens.

Quelle audace !

Honte à l'Angleterre qui met en pratique de pareils procédés de guerre! Honte à elle, qui au mépris de l'humamité, a empêché l'Europe en 1870, de s'interposer entre les deux peuples, qui voyaient tomber sur leurs champs de bataille les plus jeunes et les plus braves de leurs enfants.

Honte à elle, qui s'est associé à un traître, payant de son or une campagne qui devait compromettre notre défense nationale et le succès de notre Exposition.

Honte à elle, qui ayant échoué dans ses criminels desseins, fit le même jour acclamer Dreyfus et lacérer le drapeau français par une foule en délire.

Mais qu'elle se rassure, ce drapeau tricolore arraché de Fachoda et déchiré à Londres, a été porté à Pretoria par des volontaires français, et c'est, abrités sous ses plis, mêlés à ceux de l'étendard de la République du Sud que les Boers battront leurs oppresseurs, et conquerront leur indépendance.

Les trahisons réitérées de ce peuple

rusé, astucieux, hypocrite, et par dessus tout cupide. excitera dans les batailles et Français et Boers, car les uns et les autres ont souffert des manques de foi de la perfide Albion ; car les uns et les autres ont subi d'elle les mêmes outrages.

Elle nous a fait une guerre de cent ans ; pendant cent ans, elle a persécuté et dépouillé les colons du Cap.

De tout temps, pour eux comme pour nous, elle a violé ses traités de paix.

Elle nous a volé le Canada ; elle leur a volé le Cap et le Natal.

Et sa haine est d'autant plus féroce contre les Boers, que du sang français coule dans leurs veines, et que leur général en chef s'appelle Joubert.

Pour nous, qui savons que combattre pour l'indépendance du Transvaal, c'est combattre contre l'Angleterre, cela nous suffit : nous sommes avec les Boers.

Vivent les Boers ! Vive l'indépendance du Transvaal !

PARIS

IMPRIMERIE MERCADIER

17, Rue Grange-Batelière

1900

PARIS
IMPRIMERIE MERCADIER
Rue Grange-Batelière
1900

www.ingramcontent.com/pod-product-compliance
Lightning Source LLC
LaVergne TN
LVHW022323170726
843503LV00006B/2669